AF28048

Dieses Buch gehört:

Der Waldviertler Zwergendoktor

Eine Geschichte für Kinder –
und schlaue Erwachsene

VERLAG
BERGER

Gedruckt wurde dieses Buch im Waldviertel von einem zwergerlflinken Familienunternehmen.

© Barbara Dolak und Thomas Sautner
alle Rechte vorbehalten, 2023
Lektorat: Helga Meditz
Grafische Gestaltung: Daniela Nebauer
Druck und Vertrieb: Ferdinand Berger & Söhne, 3580 Horn – www.verlag-berger.at

ISBN: 978-3-99137-036-9

Die Anekdoten vom Waldviertler Zwergendoktor müssen weit mehr als 100 Jahre alt sein. In meiner Familie werden sie seit vier Generationen erzählt.

Gewidmet seien die kleinen Abenteuer des großherzigen Zwergerls allen Urgroßeltern, Großeltern, Eltern und Kindern – auf dass sie gemeinsam Freude daran haben.

Thomas Sautner

Steinwasser

Im Waldviertel, nahe eines glucksenden Bachs, wohnt in einem sonnigen Wald der Zwergendoktor. Ein winziges, altes Männlein ist der Zwergendoktor, reicht einem Kind gerade bis zum Sockenrand und das auch nur, wenn er am Morgen herzhaft gähnt, sich dabei streckt und reckt und auf Zehenspitzen Tau von Blättern schleckt.

Eine grüne Zipfelmütze trägt der Zwergendoktor. Nimmt er sie ab, stehen ihm die Haare kreuz und quer und hin und her. In seinem Zwergengesicht funkeln teichgrüne Augen, lacht meist sein Mund und steht etwas ziemlich weit in die Gegend – das ist seine knollige Nase.

Gerne hat der Zwergendoktor ein rotes Holzhackerhemd an, dazu eine einfache Joppe und über seinen dünnen, lustig gebogenen Beinchen eine scheckige, speckige Lederhose. Schuhe braucht der Zwergendoktor keine, ist es bloßfüßig gewohnt schon mehr als hundert Jahre. Er mag das Gefühl, wenn Fichtennadeln kitzeln und Käfer witzeln beim Zehendrüberflitzeln.

Alle Tiere im Wald kennen das Zwerglein, denn vielen hat es schon geholfen, wenn sie verletzt waren oder traurig. Erwachsene Menschen aber haben den Zwergendoktor noch nie gesehen. Nur Kindern zeigt er sich, wenn sie leise sind und sanft. Dann huscht er vorbei wie Rehkitze, grüßt mit seiner Zipfelmütze, ist plötzlich auf der Tannenspitze, winkt aus einer Steinritze.

Sein Daheim liegt verborgen unterm Waldboden. Der Eingang ist versteckt zwischen den Wurzeln einer Buche, die noch älter ist als der Zwergendoktor.

Neben der Buche ruht ein mächtiger, granitener Stein, und der ist sogar noch älter, noch viel, viel älter als die alte Buche. Moos schmiegt sich an den steinharten Restling*, und auf seiner Oberfläche ist im Lauf von Jahrmillionen eine Mulde entstanden.

In der findet der Zwergendoktor – es ist ein kleines Wunder – jahraus, jahrein Steinwasser, waldklar und rein. Jeden Morgen kraxelt das Zwergerl auf den Restling und wäscht sich das Gesicht.

Aaahh, wie frisch das zischt!
Der alte Hirschkäfer bekommt ein paar Tröpfchen ab und sieht verwundert nach oben.

*Waldviertler Ausdrücke werden am Ende des Buchs im Zwergerl-Lexikon erklärt.

Das Eichkatzerlkind

Juhu! Und jetzt – sapperlot – Frühstück flott! Eierschwammer'l, Wasser und Heidelbeerkompott! Der Zwergendoktor ist so gut aufgelegt, dass er vom Restling in hohem Bogen auf den Waldboden springt. Er mag alt sein, fühlt sich aber jung und quietschvergnügt, besonders wenn er an sein gutes Frühstück denkt. Ein lustiges Lied singend und über Stock und Stein springend, macht er sich auf zum nahen Bach:

Is da koid, geh in Woid. Hollaro!
Host an Hunger, beiß ind Zunga. Hollara!
Host an Durscht, beiß ind Wurscht. Hollari!
Da Zwergndokta, jo gaunz locka, des bin i!

Huhuu! Was kommt denn da für ein Springinkerl*?,

ruft die Eule vom Baum, als sie den Zwergendoktor sieht. Der winkt ihr zu, tänzelt übers Moos, fühlt sich, obwohl er klein ist, himmlisch groß.

Dann bleibt er stehen. Denn auf der Bachwiese blinkt der Tau, glitzert und funkelt, als hätten die Sterne ihre Nacht, ganz sacht, hier verbracht.

Auch in den Kelchen des Frauenmantels wiegt sich der Tau. Behutsam kippt der Zwergendoktor ein Pflänzchen und lässt die Tropfen in sein Glasfläschchen rinnen. Von Pflanze zu Pflanze geht er – *Tröpfchen tropf, tropf in den Topf* – und schon ist sein Fläschchen gefüllt. Einige Schlückchen Tau schlürft das Zwergerl noch direkt von der Pflanze, dann macht es sich auf, Heidelbeeren zu brocken*. Nur umdrehen muss sich das Zwergerl, da wachsen die Been*, üppig und

reif. Und wie geschickt, sie hängen auf zwer-
gerlhohen Sträuchern. Direkt vor seiner Nase
baumeln sie. Der Zwergendoktor klaubt sie in
sein Kanderl und summt dabei:

Beerchen, Beerchen,
Brüderchen und Schwesterchen,
springt nur rein ins Becherchen.

Und schon trommeln die Beeren gegen
den Boden seines Blechkanderls, das voll ist
im Nu. Juhu!

Fehlen mir nur noch Eierschwammerl für
mein Lieblingsfrühstück, denkt der Zwergendoktor und huscht zu den Föhren*, denn dort
wachsen die Nagerl* gern. Als er näherkommt,
hält er still. Schon steigt ihm feuchtholziger
Duft in seine drollige, knollige Nase. Direkt
vor ihm schieben sich die Schwammerl aus der
Erde, drücken ihre kinderfingernagelkleinen,
dottergelben Köpfe aus dem Waldboden. Der
Zwergendoktor nimmt sie dankbar in Empfang:
Ruckizuck, sieben Stuck, jetzt hab ich genug.
Sorgfältig wischt er die Erde ab, legt die Nagerl in sein Rucksäcklein — und wandert heim.
Er ist aber nicht allein. Es folgt ihm ein junges
Eichkätzlein, sehr leise, und tut ganz geheim.

Sprechender Bauch

Was dieses Eichkatzerlkind wohl von mir will?, fragt sich der Zwergendoktor. *Dieses kleine Flauschige kann doch nicht glauben, dass ich es nicht bemerke*, wundert sich der Zwergendoktor und schüttelt seinen Kopf. Schon wieder knackst es hinter ihm, weil das ungeübte Kleine beim Gehen auf dürre Zweige steigt.

Der Zwergendoktor bleibt stehen. Er will sich mit der Neugierdsnase* einen Spaß erlauben. Und weil er überlegt, welchen Streich er dem Eichkatzerl spielen könnte, greift er nach oben und zwirbelt die Spitze seiner zipfeligen Zipfelmütze. Denn immer wenn er an seiner Zipfelmütze dreht, knapp darunter – im Kopf – eine Idee entsteht. Und der Zwergendoktor lacht, weil das, was er ausgedacht, ihm

jetzt schon Freude macht. Er geht, als ob nichts wäre, weiter durch den Wald. Hinter einer dicken Föhre* aber versteckt er sich bald, macht sich noch kleiner, als er ohnehin ist und drückt sich gegen den Baum. Das Einzige, was jetzt noch ein bisschen in die Gegend ragt, ist seine knollig drollige Nase. Dem jungen Eichkatzerl aber sticht nicht einmal der Riecher des Zwergerls ins Auge, gar nichts merkt es, hüpft und hüpft nur. Und hüpft auch am versteckten Zwergerl vorbei. Und weil es den Zwergendoktor auf einmal nicht mehr vor sich sieht, hält es inne. Reckt sich und streckt sich, dass sein flauschiges Fell sich sträubt, blickt rechts und blickt links und weiß nicht mehr wohin. Da klaubt der Zwergendoktor ein Föhrenbockerl* vom

Waldboden auf und wirft es in hohem Bogen übers Eichkatzerlkind. Das Bockerl plumpst auf den Waldboden und das Eichkatzerl denkt, *aha, dort muss das Zwergerl sein* – und rennt los. Als es ankommt, ist freilich niemand dort. Doch der Zwergendoktor schleicht näher heran und wirft wieder ein Bockerl. Und das Eichkatzerl rennt wieder dem Geräusch nach und so geht's dahin und immer weiter und nach einer Weile stehen die beiden in einem hellen Buchenhain, wo der Zwergendoktor unter der prächtigsten Buche sein Daheim hat. Die Wurzeln dieses Baums reichen bis zum Nabel der Welt und ihre Zweige berühren das Himmelszelt.

Willst du mich besuchen?!, ruft das Zwergerl plötzlich von hinten. Das junge Eichkatzerl erschrickt, dreht sich um und stottert:

Ja-a-a. Genau das wo-o-o-llte ich.

Hab ich mir's doch gedacht, sagt der Zwergendoktor und fragt, als wüsste er es nicht: *Und wie hast du so gut hierher gefunden? Hierher ins Hellste, in die mittigste Mitte der großen, weiten Welt?*

Das Eichkatzerl kratzt sich hinter seinen felligen Öhrchen, einmal rechts, einmal links, kratzt sich ausgiebig an der Stirn, kratzt sich auch noch am Hinterkopf, und trotzdem fällt es ihm nicht ein. Also sagt es: *Ich weiß nicht so recht, wie ich hergefunden hab; bin nur dahingehopst, einfach so.*

Einfach so, wiederholt der Zwergendoktor, bückt sich und hebt das geworfene Bockerl auf:

Das schenk ich dir.
Danke, aber warum?

Einfach so, sagt der Zwergendoktor und zieht das Eichkatzerl herzlich am Ohr. *Einfach so schenk ich es dir, vielleicht kommst du ja irgendwann dahinter, warum genau.*

Verdutzt schaut das Eichkatzerl das Bockerl an.

Tiere deshalb zu ihm kommen. Das Eichkatzerlkind schüttelt den Kopf.

Hm, macht der Zwergendoktor. *Willst du mir verraten, warum du mich besuchen wolltest?*

Da senkt das Kleine verschämt sein Köpfchen und schiebt die flauschig zarten Schultern hoch.

Bist du verletzt? Hast du ein Wehweh?, fragt der Zwergendoktor, weil die meisten

Der Zwergendoktor schmunzelt. *Soll ich raten, warum du mich besuchen wolltest?*, fragt er. Das Eichkatzerl nickt.

Hmmm, brummt der Zwergendoktor in seinen langen, weißen Bart. *Wenn du es mir nicht sagen möchtest, werde ich horchen, ob dein Bauch es mir verrät.* Der Zwergendoktor kniet nieder und legt sein Ohr an das Fell des Kleinen.

Aha, mhm, murmelt er. *Ach so. Aah. Verstehe. Mhm. Ja, ja, ganz klar. Mhm, ja gut.* So plappert der Zwergendoktor. Und das Eich-katzerl wundert sich, was sein Bauch dem Zwergerl alles erzählen mag. Ganz still ist es, hält sogar den Atem an, kann aber nichts hören, höchstens ein leises Gebrummel in seinem kleinen Bauch. Da richtet sich der Zwergendoktor auf, stemmt seine Hände in die Hüften und sagt: *Ganz klar, mein Freund! Dein*

Bauch hat mir gerade verraten, dass du zu mir gekommen bist, um … mit mir zu frühstücken! Das Eichkatzerl reißt vor Staunen sein

Mäulchen auf. *Genau so ist es*, denkt es und nickt. So klar hat es sich das zwar gar nicht gedacht. *Aber ja. Genau! So ist es! Erstaunlich*, findet das Eichkatzerl, *was mein Bauch dem Zwerglein alles erzählt hat!*

Nun, dann tritt nur flink ein in mein Stübelein, gluckst der Zwergendoktor und winkt. *Komm nur rein, lieb Eichkätzlein samt plaudersamem Bäuchelein!*

Nebenan in der Blumenwiese sitzt derweil ein neugieriges Wiesel und schaut dem Zwergerl und dem Eichkatzerl hinterher. Als die beiden verschwunden sind, lauscht das Wiesel noch eine Weile den Vögeln, schnuppert den Blumenhimmelsduft und zischt schließlich zurück zu seiner Familie.

Eine Buche, viele Bücher

Der Zwergendoktor öffnet die Tür zwischen den Wurzeln der Buche. Sachte schwingt sie auf. Und gemeinsam gehen das Eichkatzerl und das Zwergerl die Stufen hinunter in die Zwergerlwohnung.

Gemütlich ist es hier, angenehm warm und gar nicht finster. Denn an den Wänden leuchten Glühwürmchen. Dort, wo es der Zwergendoktor besonders hell haben möchte, baumeln gleich mehrere nebeneinander von der Wand. Das machen sie gerne für den Zwergendoktor, so wie alle anderen Tiere, die sich scharen um ihren zipfelmützigen Freund. Schließlich wollen sie dem Zwergendoktor danken, dass er den Lebewesen im Wald schon so lange hilft, sie verarztet und manchmal ein-

fach nur Trost spendet. Dann nämlich, wenn sie verzagt sind wegen etwas, das kalt und grau ist in ihren Herzen, aber warm und bunt wird, sobald sich ihr Zwergerlfreund drum kümmert. So halten Ameisen die Höhle sauber, putzen Böden, Wände, Decke. Regenwürmer räumen mampfend kleine Laubreste weg. Hirschkäfer schnipseln die ins Zimmer wachsenden Baumwurzeln ab. Und kleine Mäusekinder helfen beim Geschirrabwaschen.

Wenn sie dem Zwergendoktor eine besondere Freude machen wollen, kommen Vögel herbei und singen, breiten Schmetterlinge ihre Schwin-

zurück: Die Buche etwa lässt er jeden Tag von seinem Guten-Morgen-Tau kosten. Wie er das macht? Einfacher als gedacht! Er steckt eine Wurzel ins Tau-Fläsch-chen und schon trinkt sie, saugt und genießt. Und ganz zuoberst ein weiteres Blatt ihr sprießt.

Oh, so viele Bücher, staunt das Eichkatzerl, als es sich in der Höhle um-sieht. Der Zwergendoktor lacht. *Gewiss, mein Freund! Wenn du nicht nur groß werden willst, sondern auch klug, ist's an Büchern nie genug.*

gen. Spinnenkinder zupfen an den Harfen-Fäden ihrer Netze, Hummeln brummeln, Grillen zirpen und kleine As-seln: rasseln.

Kunterbunt ist auch die Ein-richtung der Zwergerlhöhle. Wie in ei-nem Puppenhäuschen sieht es hier aus: Eine Teichmuschel ist die Suppenschüs-sel, ein leeres Schneckenhaus das Häferl, die Scheibe eines dünnen Asts dient als Holzteller, ein Birkenblatt als Serviette. Von der Zimmerdecke hängen getrocknete Kräuter, und die Regale sind voll mit Heilsalben und guten Tinkturen, mit Fläschchen, Töpfchen, Tiegel-chen. An nichts fehlt es dem Zwergendoktor. Und weil er so dankbar dafür ist, was die Natur ihm schenkt, gibt er ihr immerfort Herzliches

Waldesluft und Hosenduft

Kaum haben das Eichkatzerl und der Zwergendoktor das üppige Schwammerl-Frühstück gemampft und sich die Bäuche vollgestopft, donnert es auf einmal.

Wird doch kein Gewitter kommen, sagt der Zwergendoktor. Da donnert es schon wieder. Ganz grummelig und brummelig donnert's und so laut und wuchtig, dass es in der Zwergerlwohnung höllert und böllert.

Grawumm! Bumm! Brubbeldischrumm!

Da erst bemerkt der Zwergendoktor: Es ist ja gar kein Gewitter da draußen, das ist ja ein Buz*-Geknatter hier herinnen! Das Eichkatzerlkind macht die Donner und die Winde – so stark, dass der Baum nicht mehr weiß, ist er

Buche oder Linde. So wild, dass erzittert seine Rinde.

Ja liebes Kind! Wie gibt's denn das?!, ruft der Zwergendoktor. Wie kann denn ein *so großer Buz in einen so kleinen Eichkatzerl stecken? Donnerwetter!*

Entschuldigung, lieber Zwergendoktor, fiept das Eichkatzerl und hält sich sein Naserl zu, weil es ihm selbst schon zu stark stinkt, nach all dem eigenen Bauchgebrumms und Hosengesumms. Aber es kann ja nichts dafür, ist halt das Zwergerlfrühstück nicht gewohnt. Knabbert sonst immer nur Eicheln und Nüsse.

Da geht das Getritschel* schon wieder los:

Grawumm! Bumm! Brubbeldischrumm!

Ist schon in Ordnung, kleiner Freund, beruhigt das Zwergerl, weil es dem Eichkatzerl ansieht, dass ihm das Popo-Gedonnere peinlich ist. *Was raus muss, muss raus. Anders hält's kein Körperchen aus.* Der Zwergendoktor geht zu einem Regal und schnappt sich ein Tiegelchen mit Kümmel darin. *Hier, mein Freund, kaue die drei Kümmelkörner, schluck sie in dein Bäuchelein, bald wird weg das Donnern sein.*

Und jetzt lass uns schnell ins Freie gehen und ordentlich lüften, schlägt das Zwergerl vor und sie laufen nach draußen und atmen tief durch und schnaufen fest und finden beide: Waldesluft hat einen himmlischen, die Nase rettenden Frischeduft.

Der Nachdenk-Trick

Ich werde jetzt wieder heim zu Mama und Papa gehen, sagt das Eichkatzerlkind, denn sein Bauch fühlt sich schon wieder wohlig an und gut. Im nächsten Moment aber wirkt sein Eich-kätzchen-Gesichtchen verzagt. Denn, ojemine, es kann sich nicht mehr an den Heimweg er-innern. Schon glitzern die ersten Tränen in sei-nen dunklen Äugelein, schon weint es leise.

Sei nicht verzagt, hast ja mich noch gar nicht gefragt! Das Zwergerl legt beruhigend seine Hand auf die fellige Schulter des Klei-nen.

Immer wenn er selbst nicht weiterwisse, erzählt der Zwergendoktor, greife er nach oben und kringle und zwirble die Spitze seiner zip-feligen Zipfelmütze. Denn immer, wenn er an seiner Zipfelmütze dreht, knapp darunter im Kopf eine Idee entsteht.

Also hopp, mach es mir ruhig nach, sagt das Zwergerl. Und weil das Eichkatzerl keine Zipfelmütze zwischen seinen haarigen Öhr-chen trägt, kringelt es eben seinen rotbraunen Schopf und wartet, ob sich was tut im Kopf.

So steht es da und dreht und zwirbelt und fürchtet, oje, das wird nicht viel bringen. Aber immerhin fühlt es sich beruhigend an am Kopf — und flauschig bauschig an den Fingern. *Lus-tig ist auch,* findet das Kleine, *dass ich mein Spiegelbild im Bach tanzen sehe. Genau wie daheim,* denkt es. *Daheim, der Bach!,* ruft es.

Das ist ja unser Bach! Ich muss ihm nur folgen und komm heim!

Bravo!, sagt der Zwergendoktor. Freilich hätte er dem Kleinen auch geholfen, aber: Selbst geschafft gibt Zusatzkraft!

Das Eichkatzerlkind findet neben dem Zwergerl wirklich allein zur Bachwiese heim. Dort steht auch der Eichkatzerlbaum und warten Mama und Papa auf ihr wuscheliges Kind. Das Kleine saust und springt und ruft: Mama, Papa, ich war beim Zwergendoktor, schaut, da hinten ist er! Doch als Mama und Papa in die Richtung blicken, ist dort niemand. Nur … ein Bockerl kommt plötzlich geflogen.

Mein Bockerl!, freut sich das Eichkatzerl. Das hab ich ganz vergessen! Der Zwergendoktor hat es mir geschenkt! Bei ihm war ich, beim allergrößten Baum von überhaupt! Dort, wo es am hellsten ist, in der mittigsten Mitte der Welt! Wirklich! Ich bring euch einmal hin. Es ist weit weg, aber eigentlich auch ganz nah. Und mit dem Bockerl finde ich sicher hin, weil in dem steckt ein Geheimnis, das hat mir der Zwergendoktor gesagt. Und er hat auch gesagt, dass ich viel, viel lesen soll, weil mich das noch schlauer macht, als ich jetzt schon bin. Wirklich, das hat er gesagt!, ruft das Eichkatzerlkind. Mama und Papa schmunzeln und glauben's geschwind.

Freude machen macht Freude

Der Zwergendoktor indes springt durch den Wald. Er ist gut aufgelegt, weil er dem Eichkatzerl eine Freude gemacht hat. Außerdem findet er es spaßig, dass Kleine und Große immer wieder glauben, der eigenen Nase nach durchs Leben zu spazieren, obwohl sie oft Anderes leitet. Etwas, das es gut mit ihnen meint. Etwas, von dem sie gar nichts wissen. Dabei sind die Beweise überall und rundherum: Wege, die dich weiterführen; Begegnungen, die dein Herz berühren; Kinder, die lachen. Und Große, die tollpatschig ernste Sachen machen.

Und weil es immer so ist und immer so war, länger schon als hundert Jahr, hüpft das Zwerglein über Stock und Stein und singt mit dir sein Liedelein:

Is da koid, geh in Woid. Hollaro!
Host an Hunger, beiß ind Zunga. Hollara!
Host an Durscht, beiß ind Wurscht. Hollari!
Da Zergndokta, jo gaunz locka, des bin i!

Thomas Sautner, geb. 1970 in Gmünd, lebt in seiner Heimat, dem nördlichen Waldviertel, und in Wien. Neben zahlreichen Romanen erschienen von ihm u.a. der literarische Heimat- und Reisebegleiter „Waldviertel steinweich" sowie gemeinsam mit Thomas Kriebaum das Kinderbuch „Rabenduft". Thomas hat zwei Kinder, Jonathan und Julie.
www.thomas-sautner.at

Barbara Dolak, geb. 1981 in Waidhofen an der Thaya, lebt im Waldviertel. Sie arbeitet im Naturparkzentrum Unterwasserreich Schrems. Barbara hat zwei Söhne, Jakob und Elias – und eine wachsende Zahl an Neffen und Nichten.

Zwergerl-Lexikon

Been – (Heidel)beere

brocken – sammeln, ernten

Bockerl klauben – Föhrenzapfen vom Boden aufsammeln

Buz – Blähung, Furz

Föhre – Kiefer

Getritschel – lang anhaltender, blubbernder Buz

Kanderl – Kanne, ursprünglich zum Befüllen mit Milch

Neugierdsnase – jemand, der neugierig ist und überall seine Nase reinsteckt

Nagerl brocken – Eierschwammerl sammeln

Restling – großer Granitstein, manchmal Wackelstein

Schwammerl – Pilz

Springinkerl – fröhliches Kind, das lustig herumhüpft